CALIDAD PARA MICRO, PEQUEÑAS Y MEDIANAS EMPRESAS

Luis Enrique Díaz H.

CONTENIDO

Prefacio 1
Introducción 2
¿Qué es la calidad? 3
Un camino de calidad en las MiPyMEs 16
    Conocer las expectativas y llegar a un acuerdo....................47
    Diseños y fórmulas de trabajo para cumplir el acuerdo 48
    Entregar productos acordes con lo establecido 49
    Resolver incidentes 50
El camino por delante 53

PREFACIO

Las Micro, Pequeñas y Medianas Empresas (MiPyMEs) son un componente esencial en la economía y la sociedad; ellas proveen una parte importante de los productos y servicios que se consumen, generan una gran cantidad de empleos y contribuyen con las finanzas públicas. Las MiPyMEs son organizaciones con las que tenemos contacto estrecho; recurrimos a ellas diariamente, conocemos a los dueños y convivimos con sus responsables. Estas características de las MiPyMEs justifican las acciones para fortalecerlas, sin duda alguna, su bienestar representará un bienestar para todos los demás.

La Ingeniería de la Calidad se ha desarrollado gracias a su capacidad para brindar satisfacción a clientes y proveedores; los clientes se sienten satisfechos al recibir productos y servicios que cumplen sus expectativas, por otro lado los proveedores encuentran satisfacción cuando el trabajo que desarrollan es valorado. Se podría decir que la calidad genera un círculo virtuoso de satisfacción mutua entre clientes y proveedores.

Es necesario brindarle a las MiPyMEs los elementos de Ingeniería de la Calidad que les permitan crear círculos virtuosos de satisfacción mutua con sus clientes; el éxito de dichos círculos constituye un gran beneficio para la sociedad y la economía. En este material pongo al alcance de las MiPyMEs conceptos y herramientas de calidad, teniendo en mente las condiciones naturales de sus organizaciones; de esta forma tendrán una verdadera referencia útil.

INTRODUCCIÓN

En este libro se brinda una introducción conceptual a la calidad y se plantea un camino sencillo para implantarla en una MiPyME (Micro, Pequeña y Mediana Empresa).

La introducción conceptual a la calidad se base en 4 elementos básicos; por otro lado el camino que se plantea contiene 5 pasos que se pueden implementar. La relación entre los elementos de la calidad y los pasos es estrecha, pero no es individual; de tal forma que un paso puede estar relacionado con varios elementos y viceversa.

Es importante destacar que el camino presentado en este material es una guía; sin embargo no pretende ser una regla estricta, debido a que cada empresa tiene sus propias características y estas pueden requerir modificaciones particulares.

Los pasos planteados son sencillos y dejan abierta la posibilidad a que cada empresa implemente alternativas propias, de esta forma cada MiPyME puede establecer acciones más adecuadas a sus necesidades.

¿QUÉ ES LA CALIDAD?

Una definición básica indica que la calidad consiste en las características de un producto, que le permiten cumplir las expectativas que hay sobre él.

En esta definición es necesario destacar que el término "producto" no se refiere exclusivamente a un bien tangible; pues en Ingeniería de la Calidad el término "producto" se refiere a los resultados que genera la organización como consecuencia directa de su operación. Teniendo esta consideración los productos incluyen los bienes tangibles que produce y los servicios que brinda una organización.

También es necesario destacar que los clientes de la organización son los principales destinatarios de sus productos (bienes tangibles y servicios); por lo tanto, los clientes definen una parte importante de las expectativas que hay sobre los productos. Algunas expectativas sobre los productos pueden ser establecidas por autoridades, por otros terceros o por miembros de la misma organización.

El "cumplimiento de las expectativas" debe considerar la necesidad de comunicación y trabajo estrechos con diversos actores (clientes, autoridades, terceros y miembros de la organización), para establecer expectativas realistas, viables y valiosas.

La calidad de una organización tiene un impacto en sus clientes y en ella misma; como se muestra en los siguientes escenarios:
- Los clientes valoran los productos de calidad y encuentran satisfacción al consumirlos; por otro lado, las empresas obtienen mayores beneficios cuando los clientes prefieren sus productos por su calidad, además los miembros de la empresa desarrollan orgullo por su trabajo cuando participan en la generación de productos de calidad.
- Los clientes no aprecian los productos sin calidad y se sienten defraudados al consumirlos; al mismo tiempo, las empresas tienen dificultades para vender productos que no tienen una calidad satisfactoria, incluso los miembros de la empresa pueden sentir desprecio por su propio trabajo cuando participan en la generación de productos de poca calidad.

La calidad se ha desarrollado como un campo de ingeniería; esto se debe a la necesidad de resultados objetivos y acciones controladas. Los 4 elementos principales que se cumplen en las organizaciones de buena calidad son los siguientes:
- Entregan valor
- Son confiables
- Brindan certeza
- Se adaptan para mejorar

A continuación se profundizará la definición de cada uno de los 4 elementos mencionados; esto permitirá un entendimiento común de las condiciones que se deben alcanzar para proporcionar calidad.

Entregan valor

Los productos (bienes tangibles y servicios) de buena calidad contienen características que son apreciadas por los clientes (son valiosas). La presencia de estas características es primordial y debe estar asegurada; por lo anterior, las organizaciones están obligadas a tomar la iniciativa y realizar acciones para que sus productos incluyan las características valiosas correspondientes.

Las acciones realizadas por la organización para entregar valor empiezan con la identificación de las características apreciadas por los clientes; incluyen el diseño y elaboración de productos acordes con dichas características; finalmente, deben considerar la evaluación del cumplimiento de los productos con las características correspondientes.

La identificación de las características valiosas para los clientes requiere comunicación. Las empresas deben tomar la iniciativa y hacer un esfuerzo para conocer las expectativas de sus clientes de manera directa. Los medios de comunicación implementados deben ser acordes al contexto de cada empresa y permitirle conocer las expectativas de sus clientes directamente; algunas opciones conocidas son: encuestas, estudios de mercado, grupos de discusión y entrevistas.

El diseño de productos acordes con las características valiosas implica que la organización debe definir el producto que entregará antes de empezar su elaboración. Un diseño es una idea presentada, con claridad suficiente, para conocer las características de un producto, antes de que sea elaborado. Existen varias herramientas que permiten diseñar un producto, todas ellas se enfocan en ilustrar, representar, simular o enunciar sus características; algunas herramientas de diseño son: diagramas, prototipos, maquetas, dibujos, planos, especificaciones técnicas y mapas. Los diseños de los productos deben mostrar su afinidad con las características valiosas expresadas por los clientes.

La elaboración de productos acordes con las características valiosas significa que el trabajo realizado cumplirá con las expectativas correspondientes. Entre las actividades para elaborar los productos deben incluirse aquellas encargadas de hacer realidad cada una de las expectativas de los clientes. La empresa debe tener las siguientes consideraciones para las actividades:
- Establecer claramente la responsabilidad de su ejecución
- Proveer los medios necesarios para su ejecución exitosa
- Aplicar medidas correctivas por su incumplimiento

Estas consideraciones tienen el objetivo de que los productos efectivamente cumplan las características valiosas para los clientes.

La evaluación del cumplimiento de los productos con las características valiosas requiere trabajo y atención después de que los productos han sido terminados y entregados a los clientes. La evaluación consiste de dos elementos principales:
- La comparación de las características reales de los productos terminados con el diseño establecido y con las expectativas de los clientes.
- La percepción del cliente sobre el producto recibido; así como el grado en que se cumplieron el diseño establecido y sus expectativas.

La evaluación debe ser acorde con el contexto de la organización y sus clientes. Algunos medios conocidos para la evaluación son: inspecciones visuales, hojas de verificación (check list), pruebas aplicadas a productos terminados, mediciones, encuestas de satisfacción, entrevistas con los clientes, líneas telefónicas de atención al cliente y buzones de quejas.

La participación de los clientes es indispensable en la identificación de las características que son valiosas para ellos y en la evaluación de su cumplimiento. Para contar con su participación, la empresa debe tomar medidas que desarrollen una relación estrecha y de confianza con ellos.

Es importante tener en mente que las empresas cuentan con total libertad y creatividad para ejecutar las acciones mencionadas; incluyendo el establecimiento de los mecanismos, las herramientas y los medios que le resulten pertinentes y exitosos.

La organización debe considerar que las principales características valiosas son determinadas por los clientes; sin embargo, algunas otras pueden ser establecidas por entidades diferentes, por ejemplo: autoridades, líderes de la industria, proveedores y competidores. La importancia de las características establecidas por otras entidades puede justificar acciones para: identificarlas, incluirlas en el diseño de productos, hacerlas realidad en su elaboración y evaluar su cumplimiento.

Son confiables

Cuando un producto (bien tangible o servicio) es de calidad, todas sus unidades mantienen características uniformes y un comportamiento similar; esto permite que los clientes confíen en el producto y que vuelvan a adquirirlo cuando lo necesitan.

Las características de los productos y su comportamiento son determinados por la forma en que son elaborados. Para que los productos sean confiables, las organizaciones deben asegurarse de que la elaboración de todas las unidades realice el mismo trabajo. Este razonamiento se basa en la lógica, donde operaciones y actividades idénticas generan resultados iguales.

En búsqueda de realizar el mismo trabajo en todas las unidades, las organizaciones establecen fórmulas; las cuales deben seguirse estrictamente. Este esfuerzo por parte de la organización permitirá entregar unidades uniformes, capaces de ganarse la confianza de los clientes.

Las organizaciones deben hacer un esfuerzo para que las fórmulas establecidas sean viables y eficaces. La viabilidad de una fórmula implica que existen las condiciones que permiten su seguimiento y aplicación permanente. Las fórmulas viables serán aplicadas en las unidades; por otro lado, las fórmulas que carecen de viabilidad serán omitidas, además generarán confusión, conflictos y un consumo excesivo de recursos.

La eficacia de una fórmula implica que su aplicación estricta generará unidades del producto acordes con las expectativas. Las fórmulas ineficaces no entregan productos valiosos y deben ser evitadas; de nada sirve entregar, de forma constante, unidades de productos que no pueden satisfacer a los clientes.

Las fórmulas de trabajo pueden incluir una gran variedad de elementos, todos ellos dedicados a generar resultados satisfactorios y cumplir las expectativas de los clientes. Algunos elementos comunes en las fórmulas de trabajo, son los siguientes:

Procesos: Son estructuras de trabajo donde se determina la realización de una transformación. La claridad de un proceso requiere el establecimiento, pertinente, de 3 componentes esenciales: entradas, participantes y salidas. Las entradas son modificadas como parte de la operación del proceso. Los participantes intervienen en la transformación de las entradas, pero la operación del proceso no los afecta. Finalmente, las salidas son el resultado de la transformación, también son consideradas como el producto de un proceso.

Procedimientos: Son un conjunto de acciones precisas, las cuales deben ser ejecutadas para obtener un resultado especifico. Los procedimientos contienen pasos que se definen con detalle, esto para evitar errores y omisiones; además los procedimientos pueden incluir un orden específico en sus pasos, esto para asegurar resultados idénticos.

Recursos: Son elementos que tienen una participación en la operación de la organización. Los recursos tienen características y condiciones que determinan el éxito o fracaso de los resultados. Los recursos son de diversas naturalezas: materia prima, herramientas, propiedad intelectual, capital humano, vehículos, bienes inmuebles, etcétera. Sin importar su naturaleza, los recursos deben ser pertinentes y contar con características útiles para la operación exitosa.

Es primordial entender que cada organización debe construir sus fórmulas con libertad; procurando su viabilidad y eficacia. Los Procesos, Procedimientos y Recursos son elementos que pueden contribuir, pero no son los únicos a los que puede recurrir una organización. Las empresas siempre tienen la libertad de ejercer su creatividad, con el objetivo de desarrollar elementos que le permitan entregar consistentemente productos valiosos.

Brindan certeza

Los productos de calidad brindan información a los clientes; esto les proporciona seguridad acerca de su idoneidad y de su capacidad para satisfacer sus expectativas. Esta información debe estar basada en hechos; los hechos que deben ser contemplados son los siguientes:

- Los productos elaborados y sus características reales
- Las operaciones que intervinieron en la elaboración de los productos
- Comparación entre los productos elaborados y las expectativas establecidas
- Los productos elaborados que no cumplieron las expectativas establecidas y las acciones que se realizaron para solucionarlos

La organización debe ponderar la importancia de los hechos con los cuales brindará certeza a sus clientes; no todos los hechos ocurridos tienen la relevancia suficiente para ser considerados dentro de la certeza del producto. La relevancia de los hechos se fundamenta en dos factores:

- El impacto que tienen en las características valiosas para el cliente
- El alcance de sus consecuencias

Los hechos que tienen un impacto en las características valiosas para el cliente deben ser parte de la información que brinda certeza. Estos hechos permiten al cliente tomar una decisión consciente con respecto a la compra y aceptación del producto.

Los hechos que tienen consecuencias de gran alcance deben ser parte de la información que brinda certeza; estos hechos permiten demostrar que la organización ha operado de forma adecuada, sin perjudicar a los demás. Algunas de las consecuencias que determinan la relevancia de un hecho son las siguientes:
- Cumplimiento de leyes, contratos o reglamentos
- Daños o riesgos a la salud o a la vida
- Afectaciones al bienestar de individuos, entidades y grupos
- Incumplimiento del propósito del producto

Para brindar certeza sobre sus productos, la organización debe establecer mecanismos para identificar los hechos mencionados, dejar un registro de su incidencia y brindar acceso a esta información de forma pertinente. Existen diversos mecanismos para brindar certeza a través de la información, algunos ejemplos son: reportes de resultados, registros de operación, minutas de sesiones de trabajo, auditorías, resultados de evaluaciones, bases de datos, órdenes de compra, notas de venta, facturas, bitácoras de incidentes, oficios, comunicados, boletines y expedientes. Para que los mecanismos establecidos sean exitosos, requieren las siguientes características:

Útiles: Capaces de brindar el conocimiento y los detalles necesarios para brindar certeza.
Viables: Su operación puede ser soportada por la organización de forma permanente, requieren solo de recursos que están dentro de las posibilidades de la organización.
Prácticos: Su forma de uso es acorde con el contexto de la organización, fácil y sin complicaciones.
Disponibles: Se mantienen permanentemente al alcance de quien lo requiere, en el momento que los necesite.

Seguros: Mantienen la información en buen estado y la ponen al alcance sólo de las personas apropiadas; evitando confusiones, pérdidas de información y violaciones a la privacidad.

Los hechos relevantes que afectan a los productos se pueden presentar en diversas etapas de su ciclo de vida. La organización debe ponderar el momento en que se presentan estos hechos para que los mecanismos implementados permitan su identificación, registro y acceso. Algunas de las etapas del ciclo de vida que se deben considerar son: diseño, planeación, producción, venta, atención postventa y mantenimiento.

La información que brinda certeza sobre la calidad tiene potencial para brindar seguridad a los clientes, respaldar el adecuado funcionamiento de la organización, aprovechar oportunidades, resolver situaciones negativas, generar activos intelectuales, tomar decisiones y evaluar el desempeño. Para que esta información sea aprovechada debe tener las siguientes características:

Útil: Contiene datos y detalles que permiten el análisis y la comprensión de la realidad

Oportuna: Es generada y conocida en un momento que permite tomar acción

Real: Es apegada a los hechos ocurridos, sin alteraciones, sesgos o conflictos de interés que alteren la percepción

Se adaptan para mejorar

Para que una empresa y sus productos (bienes tangibles y servicios) sean de calidad, estos deben cambiar de acuerdo con las necesidades de los clientes y el contexto a lo largo del tiempo. Esta adaptación puede brindar a la empresa y sus productos dos condiciones:
- Cumplir las características relevantes para los clientes vigentes, manteniendo su competitividad.
- Implantar nuevas características relevantes para los clientes, estableciendo una ventaja competitiva sobre los demás.

Los cambios de la empresa y sus productos pueden ser motivados por hechos que han ocurrido o por hechos que aún no suceden pero que tienen un impacto potencial relevante para la empresa y sus clientes.

Los cambios basados en hechos ocurridos, tienen al menos uno de los siguientes propósitos:
- Impedir que productos y condiciones que no cumplieron las expectativas de los clientes se sigan produciendo.
- Asegurar que los productos y condiciones de la empresa que cumplieron las expectativas de los clientes se sigan produciendo.

Los cambios basados en hechos que aún no suceden, tienen al menos uno de los siguientes propósitos:
- Evitar que productos y condiciones incapaces de cumplir las expectativas de los clientes lleguen a producirse.

- Brindar nuevos productos y condiciones, que superen a los actuales en el cumplimiento de las expectativas de los clientes.

Las necesidades de cambio provienen principalmente de los Clientes, sin embargo existen otras fuentes que los pueden propiciar; algunos ejemplos son: proveedores, autoridades, competidores, miembros de la empresa, terceros y el entorno (local, regional o global).

Para que los cambios de la empresa y sus productos sean exitosos deben ser conducidos cuidadosamente y sus resultados deben ser ponderados. Algunas etapas que se deben realizar para alcanzar el éxito, son las siguientes:

Planeación: Establecer con claridad la modificación que se desea realizar; identificando la diferencia entre las condiciones actuales y las que cambiarán, así como los medios requeridos en su implementación.

Seguimiento: Conocer la evolución de las modificaciones, evaluando su progreso y el apego al plan previamente definido.

Evaluación: Comparar los resultados obtenidos al final de la implementación contra los resultados esperados; considerando el cumplimiento del propósito original y el apego con el plan definido previamente.

El éxito en los cambios de las empresas y sus productos puede requerir de participantes que aporten sus capacidades, perspectivas y voluntades. Los cambios también requerirán que algunos participantes los conduzcan y los respalden con responsabilidad y autoridad. Los efectos y la viabilidad de los cambios que se decidan implementar deben ser ponderados constantemente, en búsqueda de obtener los mayores beneficios posibles.

Luis Enrique Díaz H.

UN CAMINO DE CALIDAD EN LAS MIPYMES

La calidad juega un papel importante en las Micro Pequeñas y Medianas Empresas (MiPyMEs); esto se debe a que sus cuatro elementos contribuyen al fortalecimiento de la relación con sus clientes:
- Entregar valor satisface a los clientes
- Ser confiable propicia la permanencia de los clientes
- Brindar certeza genera seguridad en los clientes
- Adaptarse para mejorar extiende la relación con el cliente

Para que la calidad contribuya satisfactoriamente con una MiPyME debe mantener una actitud abierta, para entender primero las condiciones de la empresa y después integrarse a ella; a partir de este entendimiento podrá apoyar y potenciar a la organización. Por otro lado, existe el riesgo de someter la empresa a la teoría y a las herramientas de la Ingeniería de la calidad; esta actitud impositiva, que no considera a la empresa y su contexto, tiene grandes probabilidades de fallar.

Es importante recordar que en la Ingeniería de la Calidad (incluyendo los cuatro elementos mencionados previamente) existen principios de entendimiento, lógica y acción con base en los hechos; por lo tanto, una imposición arbitraria es contraproducente en cualquier empresa, incluso está en contra de la esencia de la Ingeniería de la Calidad.

CALIDAD PARA MICRO, PEQUEÑAS Y MEDIANAS EMPRESAS

La implementación exitosa de la calidad en cada MiPyME debe considerar las características de la organización, el camino que ha recorrido para llegar al punto en el que se encuentra y los objetivos que está buscando.

Cada empresa es única, esto se debe a diversos factores como su historia, su ubicación geográfica, el mercado en que opera, la comunidad en la que se desarrolla, el rubro al cual se dedica, las personas que forman parte de ella (incluyendo su perfil e idiosincrasia), etcétera; sin embargo, existen características que se presentan con cierta frecuencia en las MiPyMEs:

- Existen líderes en la MiPyME, ellos son los dueños y los principales responsables de la empresa. Estos líderes crearon la empresa y han enfrentado diversos retos para lograr su supervivencia y crecimiento.
- Los miembros de la MiPyME juegan diversos roles y atienden múltiples funciones, principalmente los líderes de la organización. Por ejemplo: una misma persona vende, elabora el producto y da seguimiento postventa a los clientes.
- La MiPyME tienen una operación dinámica, con pocos trámites y mínima burocracia.
- La MiPyME es flexible para resolver incidentes, toma decisiones e implementa cambios con rapidez.
- La MiPyME es prudente en el uso de sus recursos, busca aprovecharlos al máximo y tener margen de maniobra.
- La MiPyME concentra la mayoría de sus recursos en actividades directamente ligadas al objeto del negocio, con pocas actividades y funciones de soporte o de apoyo.

El camino recorrido de cada MiPyME es único, sin embargo existen 4 fases que se presentan con cierta frecuencia:
1. Empieza con la implementación de una idea de negocio, una necesidad de producir o el ejercicio de una vocación.
2. El esfuerzo dedicado a las ventas y la respuesta favorable de los clientes permite la supervivencia de la empresa.
3. Una parte importante de los recursos generados en las ventas se reinvierte en el negocio para continuar un circulo virtuoso entre empresa y clientes.
4. La empresa crece con el ritmo que le brindan las capacidades de quienes la empezaron y la dirigen.

Cada MiPyME puede tener diferentes objetivos, 3 de los más comunes son los siguientes:
- Incrementar el volumen de sus ventas y operaciones
- Mejorar el control de sus operaciones y resultados
- Mantener y mejorar la relación con los clientes actuales o conseguir clientes nuevos

Los objetivos nombrados tienen una profunda relación entre ellos y tienden a avanzar o a retroceder en conjunto; es necesario tener cuidado en las acciones que se emprendan, de tal forma que se generen resultados favorables sin daños colaterales.

No existe una ruta única para la implementación de la calidad en las empresas, simplemente se deben emprender acciones acordes con los 4 elementos previamente mencionados, que sean pertinentes para las características de la organización, el momento en que se encuentra y sus objetivos. Sin embargo, aquí se propone un camino de 5 pasos, sencillo y lógico que se puede seguir o servir de referencia:
1. Conocer las expectativas de los clientes y llegar a un acuerdo

CALIDAD PARA MICRO, PEQUEÑAS Y MEDIANAS EMPRESAS

2. Diseños y fórmulas de trabajo para cumplir el acuerdo
3. Entregar productos acordes con lo establecido
4. Resolver los incidentes
5. Tomar acción para mejorar la satisfacción de los clientes

Cada uno de los pasos del camino propuesto son afines con los 4 elementos principales de la calidad y pueden contribuir con la obtención de los 3 objetivos mencionados para las MiPyMEs.

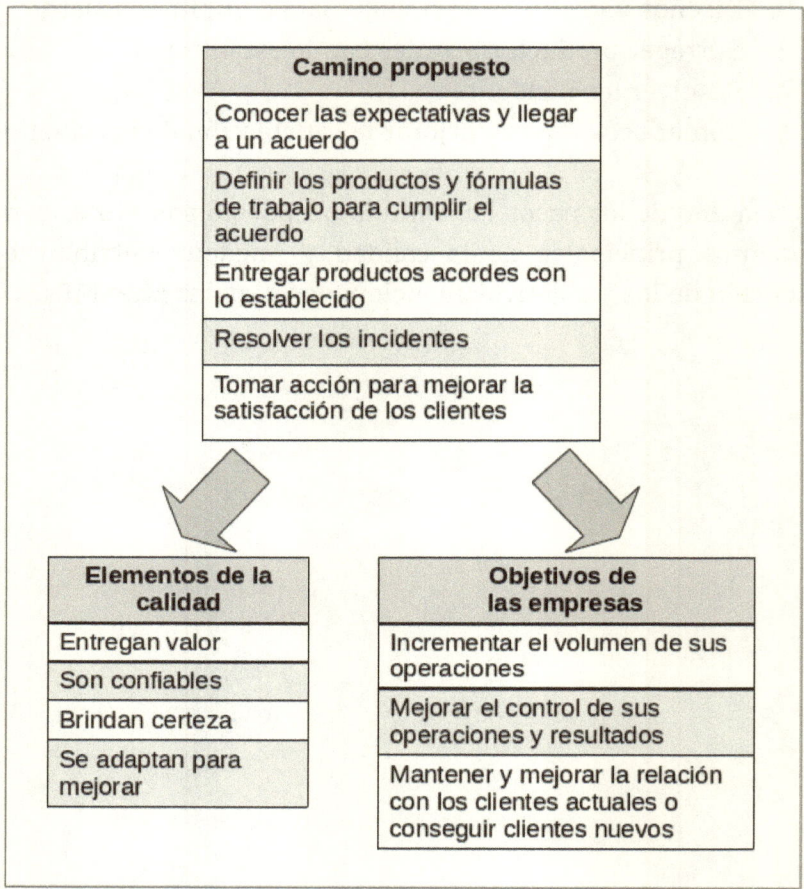

Cada uno de los pasos del camino propuesto se ampliará posteriormente, en este mismo material; no sin antes reiterar que esta propuesta puede ser modificada para procurar un mayor beneficio para la empresa, cuando sus líderes lo juzgan conveniente.

Tres puntos que se deben considerar al momento de implementar la calidad para buscar los mayores beneficios son:

CALIDAD PARA MICRO, PEQUEÑAS Y MEDIANAS EMPRESAS

- Cada acción emprendida puede tener múltiples resultados.
- Los resultados no siempre son proporcionales al esfuerzo que se invirtió.
- La prueba y error es una parte necesaria para generar avances

La calidad puede aportar para el crecimiento de la organización y eso implicará cambios; sin embargo, en la implementación de un cambio exitoso también se debe evaluar los riesgos para tomar una decisión razonada y vigilar con atención los resultados obtenidos. Es necesario recordar que, por encima de todo, se debe procurar el mayor bien para la empresa, incluso si eso implica corregir errores y modificar decisiones previamente tomadas.

Conocer las expectativas de los clientes y llegar a un acuerdo

El primer paso reconoce que los clientes tienen un papel importante, porque ellos son los principales jueces de la calidad de los productos (bienes tangibles y servicios) de la empresa. Debido a esto, es necesario identificar sus expectativas y llegar a un acuerdo con ellos sobre lo que la empresa debe entregarles; posteriormente este acuerdo será una referencia para satisfacerlos.

En este primer paso se requiere comunicación; la forma de comunicación debe ser acorde a las posibilidades de los clientes y de la empresa. En las MiPyMEs la comunicación directa entre los dueños de la empresa y sus clientes puede ser viable, a través de conversaciones en persona; sin embargo, no es la única opción, también existen alternativas como: encuestas, grupos de discusión, correo electrónico, entrevistas telefónicas, etcétera.

El medio de comunicación puede ser cualquiera que se ajuste a posibilidades y preferencias de la empresa y sus clientes; lo verdaderamente importante es que los clientes expresen las características que está buscando en sus productos. Algunos ejemplos de estas características son:
- Tiempos de espera y plazos de entrega cortos
- Durabilidad prolongada o resistencia alta
- Opciones de pago flexibles
- Entrega a domicilio
- Uso de materiales específicos
- Tipo de acabados
- Garantías y servicio postventa

- Dimensiones, peso y atributos físicos específicos
- Diseños innovadores o personalizados
- Horarios de atención extendidos
- Mantenimiento fácil o económico
- Funcionalidades especificas o sofisticadas
- Seguridad y riesgos mínimos para la salud o el bienestar
- Limpieza, presentación y parámetros de estética
- Formalidad y puntualidad
- Facilidad de uso
- Mínimo impacto ambiental
- Bajo consumo de recursos

La lista anterior es una muestra del universo de características que los clientes pueden buscar en los productos; no significa que los clientes busquen todas esas características en cada producto, usualmente los clientes se enfocan en pocas características (5 o menos), las cuales consideran primordiales.

La comunicación con el cliente no se limita a las características que ellos están buscando (expectativas), también debe abordar las características que la empresa considera importantes y que ofrece en sus productos. En esta conversación pueden darse diversos escenarios:
- Las empresas descubren características que son importantes para los clientes, las cuales ignoraban previamente.
- Los clientes aprenden características importantes que los productos ofrecen, las cuales desconocían hasta ese momento.

- Las empresas y clientes coinciden en características que son importantes para los clientes, las cuales ya son parte de los productos ofrecidos.

Esta comunicación entre la MiPyME y sus clientes debe llevarlos a un acuerdo sobre las características que deben incluir los productos; este acuerdo tiene los propósitos de satisfacer a los clientes y ser viable para la empresa. Es necesario entender que no todas las expectativas del cliente serán posibles y que no todas las características ofrecidas por los productos serán importantes para los clientes; esto se debe a diversos factores, como los siguientes:

- Características poco realistas
- Limitaciones en los recursos o en las posibilidades de la empresa
- Preferencias y prioridades de los clientes
- Leyes y mandatos establecidos por la autoridad
- Riesgos y peligros para individuos, comunidades y otras entidades

La empresa deberá distinguir las características que son más importantes para la mayoría de sus clientes y que están dentro de sus posibilidades. Con dichas características se podrá establecer un acuerdo benéfico y satisfactorio tanto para la empresa, como para sus clientes; además tendrá viabilidad en su cumplimiento.

Las empresas deben considerar que pueden obtener mejores resultados cuando concentran sus esfuerzos en menos objetivos; por esta razón, se debe procurar que el acuerdo incluya solo las características que tienen la mayor relevancia, de esta forma se aumenta la probabilidad de éxito.

Al final, el acuerdo debe ser plasmado y difundido en un texto, breve y claro. De esta forma, los miembros de la empresa conocerán las características con las que deben contribuir y los clientes estarán

informados de las características que van a recibir. Algunas acciones que se pueden realizar para difundir el acuerdo son:
- Enmarcarlo y colocarlo en algunos espacios, donde clientes y trabajadores pueden verlo
- Rotularlo en vehículos, uniformes o edificios de la empresa
- Incluirlo en las notas de venta
- Agregarlo en la página de internet o las redes sociales de la empresa

La empresa debe estar consciente de que la comunicación con sus clientes no siempre es rápida, ni fácil; esto se debe a que, en ocasiones, la disponibilidad de tiempo y el interés no coinciden entre ambos. Esto no debe causar frustración, es una situación que se presenta con cierta frecuencia, la empresa debe estar prevenida y mantener su disponibilidad para establecer la comunicación cuando sus clientes le brinden una oportunidad. Con la mayor participación de clientes en la comunicación, se podrá generar un acuerdo más adecuado para brindar satisfacción.

Diseños y fórmulas de trabajo para cumplir el acuerdo

El segundo paso indica que la empresa debe cumplir el acuerdo establecido a través cada uno de los productos (bienes tangibles y servicios) que entregue; para alcanzar esta constancia requiere de fórmulas de trabajo y aplicarlas de forma permanente.

El primer punto en este paso es definir, con claridad, el producto que se entregará; esto significa que la MiPyME debe generar un diseño que le permita establecer y comunicar la idea del producto que entregará, antes de proceder en su elaboración. El diseño del producto será una referencia muy importante para saber los resultados que desea entregar a sus clientes y evaluar si los productos producidos son acordes con lo esperado.

En el diseño la MiPyME puede usar cualquier herramienta que le permita mostrar las propiedades que sus productos tendrán y compararlas con las expectativas que quedaron asentadas en el acuerdo con sus clientes. La empresa debe considerar la utilidad, practicidad y viabilidad de las herramientas de diseño, antes de seleccionarlas; algunas herramientas disponibles son las siguientes:

- Prototipos, maquetas y moldes
- Planos, dibujos y diagramas
- Muestras de materiales, materias primas y unidades semiprocesadas
- Guiones que describen las situaciones que se presentarán y las actividades que se realizarán

- Fichas técnicas con las características de los materiales y materias primas a usar
- Planes de actividades y cronogramas
- Textos y simulaciones de protocolos e instrucciones de operación
- Bosquejos de documentos y formatos

El diseño elaborado debe mostrar, con claridad, la relación entre las propiedades de los productos y las características incluidas en el acuerdo establecido. En las siguientes tablas se incluyen herramientas que pueden mostrar la afinidad entre los productos diseñados y características específicas; las herramientas se encuentran en las columnas y las características de los productos están enunciadas en los renglones:

	Guiones de situaciones y actividades a realizar	Planes de actividades y cronogramas	Textos y simulaciones de protocolos e instrucciones	Bosquejos de documentos y formatos
Opciones de pago flexibles	X	X	X	X
Garantías y servicio postventa	X	X	X	X
Tiempos de espera y plazos de entrega cortos	X	X	X	
Entrega a domicilio	X	X	X	
Horarios de atención extendidos	X	X	X	
Formalidad y puntualidad	X	X	X	

	Prototipos, maquetas y moldes	Guiones de situaciones y actividades a realizar	Textos y simulaciones de protocolos e instrucciones	Planos, dibujos y diagramas
Limpieza, presentación y parámetros de estética	X	X	X	X
Facilidad de uso	X	X	X	X
Mantenimiento fácil o económico	X	X	X	
Bajo consumo de recursos	X	X	X	
Seguridad y riesgos mínimos para la salud o el bienestar	X	X	X	X
Mínimo impacto ambiental	X	X	X	X
Funcionalidades especificas o sofisticadas	X			X

	Prototipos, maquetas y moldes	Planos, dibujos y diagramas	Muestras de materiales, materia prima y unidades semiproc.	Fichas técnicas de los materiales y materias primas
Durabilidad prolongada o resistencia alta			X	X
Tipo de acabados	X	X	X	
Diseños innovadores o personalizados	X	X	X	
Dimensiones, peso y atributos físicos específicos	X	X	X	X
Uso de materiales específicos	X	X	X	X

El segundo punto de este paso es: definir la forma correcta de elaborar los productos diseñados. Esto constituye fórmulas de trabajo que deben ser aplicadas de manera precisa y constante. Al aplicar permanentemente las fórmulas de trabajo apropiadas, la empresa generará los productos deseados de manera constante.

Para la definición precisa de fórmulas de trabajo se puede recurrir a 2 elementos: Los procesos y los procedimientos.

Un proceso es la transformación de elementos con ciertas propiedades para dar origen a otros, diferentes a los originales. Los procesos permiten distinguir con claridad las diferencias propiciadas por la realización de un trabajo. Los elementos antes de ser transformados son conocidos como entradas, los elementos resultantes de la transformación se conocen como salidas.

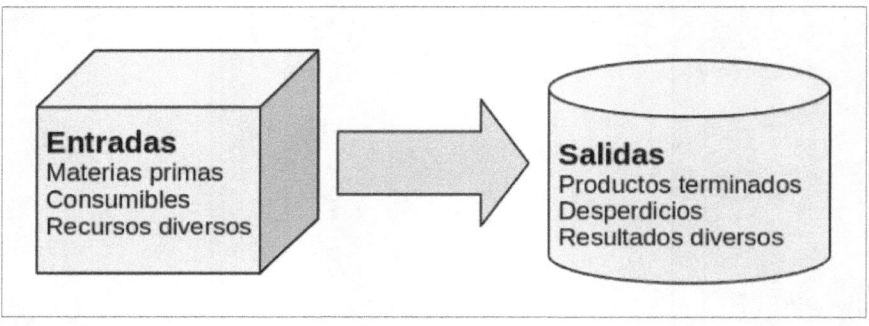

Un Proceso incluye las etapas que se deben seguir para transformar las entradas en salidas; así como a los participantes que tienen un efecto en la transformación. Todo esto brinda mayor referencia para que las personas que realizan un trabajo recorran el camino adecuado.

El Diagrama de flujo es una herramienta visual que ilustra el recorrido de un proceso; en esta herramienta se indica el punto de inicio, las diversas etapas involucradas, el orden que les corresponde y el punto de conclusión. El uso de elementos gráficos en un diagrama de flujo brinda claridad en las; los símbolos más usados son los siguientes:

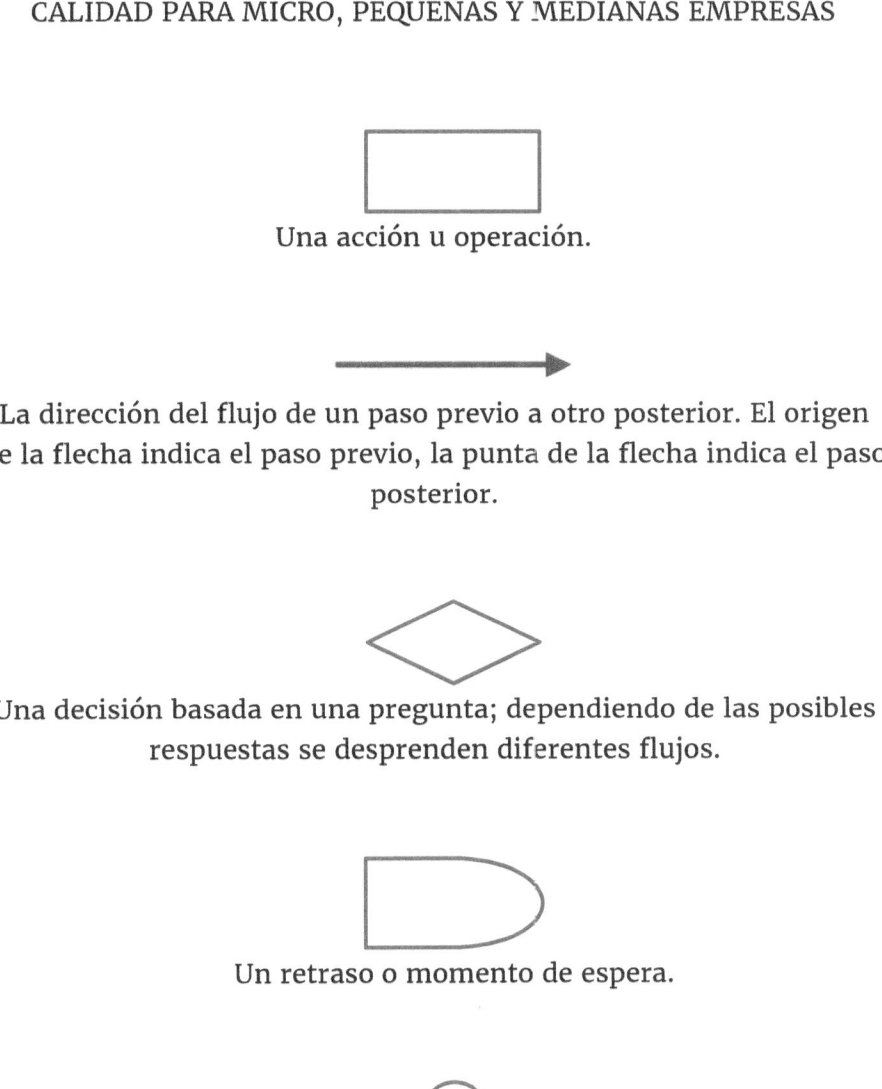

Una acción u operación.

La dirección del flujo de un paso previo a otro posterior. El origen de la flecha indica el paso previo, la punta de la flecha indica el paso posterior.

Una decisión basada en una pregunta; dependiendo de las posibles respuestas se desprenden diferentes flujos.

Un retraso o momento de espera.

El vínculo a otra página del diagrama o a un proceso diferente. Se usan letras o números para identificar la continuación de los vínculos.

Entrada o salida parcial del proceso, algunos ejemplos son: insumos, materias primas, productos semiprocesados o desperdicios.

Entrada o salida de información relevante en documentos, formatos o interfaces electrónicas.

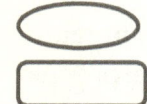

Inicio o Fin del proceso.

Los pasos a seguir para elaborar un diagrama de flujo son los siguientes:
1. Identificar el proceso que será modelado en el diagrama.
2. Definir los momentos en que inicia y termina, así como el nivel de detalle.
3. Hacer una lluvia de ideas de las actividades que se realizan en el proceso. Las actividades se deben registrar de tal forma que pueda redistribuirlas sobre el espacio de trabajo y modificarlas.
4. Ordenar las actividades en la secuencia que se realizan, desde la primera hasta la última.

5. Colocar flechas que corresponden con la secuencia establecida. El origen de cada flecha indica una actividad previa y la punta de la flecha indica una actividad posterior.

Ejemplo de un diagrama de flujo; este diagrama pertenece a un proceso donde las entradas son notas de ventas y materias primas; por otro lado, las salidas son unidades de producto terminadas.

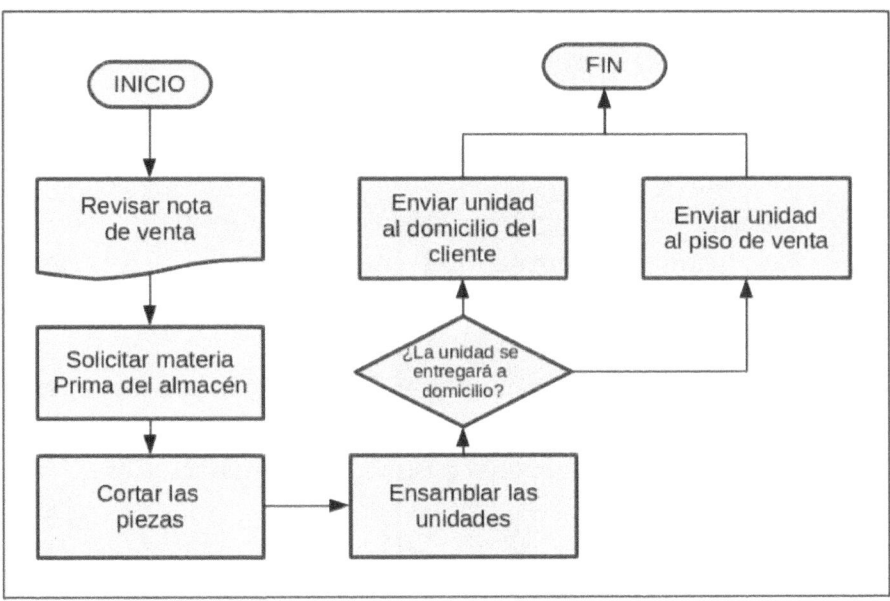

Un procedimiento contiene las indicaciones para realizar una tarea de forma correcta; en el procedimiento se brindan detalles suficientes para que las personas obtengan resultados idénticos y apegados a lo esperado. Las instrucciones de operación, los manuales de uso y los instructivos son ejemplos donde un procedimiento queda asentado de forma precisa.

Es necesario considerar que los procedimientos de las actividades pueden incluir diversos detalles que afectan sus resultados y las características relevantes de los productos. Algunos detalles que pueden afectar las características relevantes de los productos son las siguientes:

- El orden de las actividades
- Uso correcto de herramientas específicas
- Empleo de materias primas e insumos con ciertas propiedades
- Habilidades necesarias del personal que realiza las actividades
- Disponibilidad de información veraz y oportuna
- Condiciones adecuadas del entorno donde se realizan las actividades
- Medidas de precaución ante riesgos
- Mecanismos para corroborar la ejecución correcta de las actividades
- Recursos para solucionar resultados insatisfactorios

No todos los detalles de las actividades tienen efecto en los resultados y en las características relevantes de los productos; estos detalles sin importancia no merecen atención por parte de la empresa y deben ser omitidos en las fórmulas de trabajo. Esto evita dedicar recursos en aquello que resulta irrelevante.

Los diseños de los productos y las fórmulas de trabajo para elaborarlos deben quedar asentados en medios que permitan entendimiento idéntico por parte de las personas que los harán realidad y la aclaración de conflictos de manera oportuna.

La empresa debe escoger los medios que le brinden mayor utilidad, practicidad y viabilidad; algunas opciones son: Documentos impresos, páginas de Internet, archivos electrónicos, bases de datos, textos, videos, audio, fotografías, dibujos, gráficas, etcétera.

La combinación entre procesos y procedimientos debe llevar al personal de la MiPyME a elaborar correctamente los productos esperados (bienes tangibles y servicios). Todo esto constituye fórmulas de trabajo para el éxito de la empresa y es un elemento importante en el cumplimiento del acuerdo establecido con los clientes.

Las fórmulas de trabajo permitirán que cada miembro de la organización contribuya en la generación de productos acordes con su diseño; por otro lado, el diseño de los productos tendrá como finalidad atender las expectativas establecidas en el acuerdo con los clientes; todo esto será parte del cumplimiento del acuerdo por parte de la empresa.

Luis Enrique Díaz H.

Entregar productos acordes con lo establecido

El tercer paso da seguimiento al funcionamiento de la MiPyME, incluyendo la aplicación de las fórmulas de trabajo establecidas y la generación de productos fieles a su diseño. Para lograr esto es necesario vigilar las operaciones, evaluar los productos e instalar mecanismos que promuevan el cumplimiento.

Al vigilar las operaciones aumentarán las probabilidades de que sus resultados sean acordes con lo que se espera y se podrán tomar medidas correctivas en caso de necesitarlo. La vigilancia brinda seguridad del cumplimiento de las fórmulas de trabajo; por otro lado las correcciones que se aplican de manera inmediata tienen mayor efectividad y menores costos que aquellas que se hacen esperar.

La vigilancia puede basarse en la observación directa de las operaciones al momento de su ejecución, así como en el análisis de los rastros que dejaron. Las operaciones más relevantes son aquellas que se establecieron con precisión en las fórmulas de trabajo; por lo tanto son ellas las que merecen ser vigiladas en su cumplimiento.

La siguiente tabla contiene algunas operaciones y los rastros que pueden dejar:

Operación	Rastro
Empleo de herramientas específicas	Bitácoras de uso de las herramientas
Consumo de recursos	Notas de almacenes de materia prima o de las compras con proveedores
Orden y programación de las actividades	Agendas de actividades con firmas de responsables y registros de relojes checadores
Habilidades necesarias del personal	Expedientes con constancias, cartas de referencias y documentos que acreditan las experiencias y capacidades del personal
Uso de información	Acuses de recibo, folios de recepción, fechas de publicación de documentos, correspondencia física y electrónica
Entrevistas, reuniones y trabajo colaborativo	Listas de asistencia, minutas y acuerdos firmados por los asistentes

La organización debe optar por los mecanismos de vigilancia que le brindan la mayor control del cumplimiento de las fórmulas de trabajo; considerando siempre la practicidad y viabilidad.

La evaluación de los productos implica una comparación clara entre el producto que realmente se ha elaborado y su diseño. La evaluación le dará a la empresa la seguridad de entregar a sus clientes solo los productos que son capaces de cumplir el acuerdo previamente establecido. Existe la posibilidad de que algunos clientes acepten algunos productos que no cumplen fielmente su diseño o que fueron reparados para alcanzar el estado deseado; sin embargo, esa decisión le corresponde exclusivamente al cliente y debe ser oportunamente informado; si la empresa oculta o ignora estos detalles y arreglos, no estaría actuando con toda integridad y puede dañar severamente la relación con su cliente.

Las evaluaciones pueden contener diversos criterios; algunos son los siguientes:
- Inspecciones visuales
- Pruebas destructivas o no destructivas sobre las unidades producidas
- Calificaciones que los clientes otorgan a los productos que recibieron
- Mediciones de las características físicas de los productos como peso, tamaño y tiempos de espera

La empresa deberá vigilar que las operaciones sean acordes con las fórmulas de trabajo y evaluar la fidelidad de los productos con su diseño; la vigilancia en las fórmulas permite reaccionar y corregir con mayor oportunidad; por otro lado, la evaluación del producto con respecto a su diseño brinda certeza final del cumplimiento de las expectativas del cliente. En la vigilancia y la evaluación pueden participar personas y grupos ajenos a la empresa; esto para tener conclusiones más justas, demostrar a otros el buen funcionamiento y obtener su reconocimiento.

Algunas empresas recurren a los incentivos para promover el cumplimiento de las fórmulas de trabajo y los diseños de productos. Los incentivos reconocen el cumplimiento y sancionan el incumplimiento. Esta medida tiene que ser aplicada con mucho cuidado, debido a que pueden generar vicios, conflictos internos y daños. Algunas consideraciones en este sentido son las siguientes:
- El dinero no es la única, ni la mejor forma de reconocer o sancionar a los miembros de una organización; puede generar vicios y otros efectos contraproducentes.
- Los reconocimientos y sanciones individuales pueden motivar a una persona a hacer mejor su trabajo, pero pueden

generar competitividad desleal y conflictos entre los miembros de la organización
- Los reconocimientos y sanciones al equipo de trabajo pueden generar mayor integración y apoyo entre los miembros; sin embargo pueden motivarlos para ocultar sus errores entre ellos.
- Reconocer el buen trabajo y demostrar al personal que sus buenos resultados son importantes y valorados genera un impacto positivo
- Todo miembro de la organización debe hacer bien su trabajo, no se puede dar una compensación extra por el trabajo que es su obligación

La lógica de los incentivos puede ser exitosa, sin embargo, su aplicación requiere de mucho cuidado por parte de los líderes de la empresa. Además, los efectos de los incentivos son posteriores a los hechos, es decir que los malos resultados ya no se pueden prevenir.

La MiPyME tendrá mejor control cuando vigile las operaciones y un mayor respaldo cuando evalúe los productos que genera. Esto se debe a que podrá de intervenir en el funcionamiento oportunamente y tendrá pruebas de que los productos entregados son acordes a lo establecido. Sin embargo debe procurar que los mecanismos de vigilancia y evaluación sean prácticos y viables, de tal forma que pueda mantener su aplicación de forma permanente.

Resolver los incidentes

El cuarto paso se enfoca en atender los incidentes; estos son casos particulares donde los hechos se alejan de lo deseado o se requiere de una atención especial. Los incidentes se presentan regularmente en cualquier empresa y deben ser solucionados por ella. Algunos tipos de incidentes son los siguientes:

- El producto no se apega al diseño establecido.
- Las operaciones realizadas no siguieron las fórmulas establecidas.
- El producto o las operaciones no cumplen las expectativas de los clientes.
- Los clientes solicitan algo diferente a lo que ofrece la organización.
- Se produjeron afectaciones a los clientes, miembros de la organización o terceros

El esfuerzo y la dedicación que la empresa invierta en la solución de cada caso dependerán de las consecuencias que tenga:

Consecuencias graves: Causan daños irreversibles a clientes o terceros, son difícilmente costeables y ponen en riesgo la supervivencia de la empresa en el corto plazo.

Consecuencias medias: Causan daños a clientes o terceros que se pueden restituir completamente, son medianamente costeables, pero la constancia o el incremento de su presencia pondrá en riesgo la supervivencia de la empresa en el mediano o largo plazo.

Consecuencias poco relevantes: No generan daño a nadie, clientes y terceros llegan a aceptarlos o adaptarse a ellos, pero prefieren que no se presenten; además, la empresa puede corregirlos sin mayor esfuerzo. La constancia o el incremento en la presencia de estos casos no pondrán en riesgo la supervivencia de la empresa; sin embargo afectará su crecimiento y rentabilidad.

La solución de los incidentes es parte de las actividades que realizan las MiPyMEs para cumplir las expectativas de sus clientes. La solución de los incidentes implica que la empresa se encuentra atenta a las situaciones que afectan a sus clientes y que les corresponde para resolverlas.

Los incidentes que se presentan son muy diversos; para cada uno, la empresa debe procurar una solución justa dentro de sus posibilidades; esto significa que no puede omitir la atención de ningún incidente, pero las soluciones serán acordes con los hechos y no puede ceder ante cuestiones poco razonables; ejemplos:

- La empresa sustituye, sin costo, un producto que no tuvo el tiempo de vida esperado y que no muestra señales de maltrato por parte del cliente.
- La empresa se niega a entregar un servicio que va en contra de las leyes.
- La empresa repara, sin costo, una unidad que produjo defectuosa.
- La empresa accede a hacer cambios estéticos menores en un pedido especial, cargando una cuota extra.
- La empresa corrige una confusión en la orden de un producto.
- La empresa rechaza un pedido que no le resulta técnicamente posible y lo aclara con el cliente desde el primer momento que reconoce su inviabilidad.
- La empresa asume las consecuencias e intenta compensar el daño causado por un producto que afectó la salud de sus clientes.

Los incidentes surgen debido a diversos factores, entre ellos están: variaciones en el volumen de actividades, cambios en los contextos, solicitudes especiales y descuidos. Esta diversidad es la razón para el surgimiento de incidentes en diversos momentos y su detección por diversas personas; ejemplos:
- Un trabajador identifica una unidad semiprocesada que no se elaboró adecuadamente.
- Un cliente le solicita un pedido, con condiciones especiales, al dueño del negocio.
- El dueño de la empresa detecta que un procedimiento no se ha seguido.
- El cliente pide el remplazo de un producto que presentó defectos después de ser entregado.

La diversidad de los incidentes representa un gran reto para que todos sean detectados y resueltos. Se recomienda tener una herramienta sencilla y práctica, que permita identificar los incidentes y darles seguimiento hasta su conclusión. Una opción posible es un tablero para anotar todos los incidentes que ocurren, las acciones para resolverlo, los responsables de realizarlas y las fechas en que se llevaron a cabo. Un tablero para dar seguimiento a los incidentes puede tener un modo de uso sencillo, como en el siguiente ejemplo:

¿Qué hacer cuando detectas un incidente?
1. Escribe en una "Tarjeta de incidentes" la descripción del incidente, la fecha en que lo detectaste y los datos de contacto de la persona afectada.
2. Coloca la tarjeta en el "Tablero de Incidentes", en la columna "Nuevos Incidentes".

3. Avisa al gerente sobre el incidente que has colocado en el tablero.

¿Qué hará el gerente cuando se le avise de un nuevo incidente?
1. Determinará quién será el responsable de solucionar el incidente y escribirá el nombre de esa persona en la tarjeta.
2. Avisará al responsable sobre el nuevo incidente que le ha sido asignado.
3. Colocará la tarjeta en la columna "Incidentes Activos".

¿Qué hará el responsable después de enterarse del incidente que se le asignó?
1. Escribirá en la tarjeta del incidente las acciones que va a realizar para resolverlo.
2. Cada vez que termine una de las acciones escritas en la tarjeta del incidente, le agregará la fecha en que la realizó.

¿Qué hará el responsable después de terminar todas las actividades que escribió?
1. Avisará al gerente que ha terminado con la atención del incidente.
2. Juntos contactarán a la persona afectada y le notificarán la solución de su incidente.
3. Entregará la tarjeta del incidente al gerente, para que la archive.

Tarjeta de Incidentes		Fecha de detección:	
Descripción:		Contacto del afectado:	
Nombre del responsable:			
Acciones para resolverlo		Fecha de ejecución	

Tablero de Incidentes

Nuevos Incidentes   Incidentes Activos

Resolviendo los incidentes la MiPyME conseguirá controlar o mitigar los efectos de las situaciones inusuales que se presentan con sus clientes y los miembros de su organización. Debido a que los incidentes pueden presentar características fuera de lo común, la empresa debe ponderar las diversas opciones de solución, incluyendo su viabilidad, su grado de obligación y los efectos que tendrá.

Las empresas reciben beneficios del esfuerzo que dedican a resolver con justicia los incidentes que se les presentan; su colaboración en situaciones razonables será valorada por los clientes y su negativa en situaciones injustificadas le evitarán complicaciones.

La resolución de incidentes requiere de la participación de los líderes de la MiPyME (dueños y responsables del negocio). Esto se debe a la necesidad de tomar decisiones y realizar acciones poco comunes. Esta participación de los líderes generará un beneficio adicional a la resolución misma del incidente: Los trabajadores y miembros de la organización percibirán la atención y el apoyo brindado.

Tomar acción para mejorar la satisfacción de los clientes

Todos los pasos señalados hasta el momento van encaminados a contribuir con la empresa satisfaciendo a sus clientes. Sin embargo, es posible que se presenten situaciones que justifiquen modificar los pasos previamente emprendidos; por ejemplo:
- El paso dado no generó los resultados deseados
- El paso dado generó los resultados deseados, pero con el tiempo dejó de funcionar
- El paso dado sigue generando los resultados deseados, pero hay un riesgo que podría afectarlo
- El paso dado sigue generando los resultados deseados, pero hay una oportunidad que podría mejorarlos.

Este último paso (tomar acción para mejorar la satisfacción de los clientes) se enfoca en que los miembros de la MiPyME, principalmente sus líderes (dueños y responsables del negocio), se mantengan conscientes de que la calidad es una labor que siempre puede seguir progresando. La calidad no tiene un punto final, sin embargo, cada acción realizada conducirá a un mejor estado para la organización y sus clientes.

Las acciones que se emprendan para modificar los pasos previamente emprendidos, deben ser acordes con el impacto que tienen y con las posibilidades de la empresa; esto ayudará a obtener los mayores beneficios posibles.

Los pasos del camino sugerido guardan una relación estrecha entre ellos y es posible que la modificación en un paso genere la necesidad de modificar otros. Esto debe ser considerado antes de emprender una acción de cambio, ya que en algunas ocasiones los beneficios se consiguen sólo hasta que todas las modificaciones correspondientes se han realizado.

A continuación revisaremos cada uno de los pasos y plantearemos diversos escenarios que pueden justificar acciones para mejorarlos.

Conocer las expectativas y llegar a un acuerdo

Las expectativas de los clientes cambian o la empresa alcanza un mejor entendimiento de ellas. Si las expectativas de los clientes cambian el acuerdo establecido con anterioridad perderá su capacidad para satisfacerlos; por otro lado, si el conocimiento de las expectativas del cliente incrementa la empresa tendrá la oportunidad de adaptarse mejor a ellas. La MiPyME debe mantener una comunicación constante con sus clientes, que le permita detectar estas situaciones; además debe estar abierta para redefinir el acuerdo con los clientes. Dos consideraciones adicionales en este sentido son:

- La comunicación puede darse con los canales que la empresa ha establecido (como correos electrónicos, números de teléfono, entrevistas programadas, etcétera) o de forma casual con clientes que expresan sus necesidades abiertamente.
- La apertura de la empresa para modificar el acuerdo con sus clientes debe realizarse cuidando las posibilidades de la empresa, las implicaciones de dicho cambio y los beneficios que generará.

Diseños y fórmulas de trabajo para cumplir el acuerdo

Las definiciones de los productos (diseños) y las fórmulas de trabajo (procesos y procedimientos) son elementos que sirven para conocer con claridad el producto que se debe entregar y la forma en que se elaborará. Existen diversos escenarios que requieren modificar diseños, procesos y procedimientos:

- Los diseños de los productos no pudieron satisfacer las expectativas de los clientes

- Los diseños de los productos deben adaptarse a las nuevas expectativas de los clientes o al nuevo acuerdo que se estableció con ellos
- Se quiere ofrecer un producto con características nuevas para incrementar la satisfacción de los clientes o tener una ventaja sobre los competidores
- Los diseños de productos, procesos y procedimientos representan riesgos para clientes, miembros de la organización o terceros
- Los procesos y procedimientos no son acordes con los diseños de los productos
- Los procesos y procedimientos tienen complicaciones que dificultan su aplicación
- Se quiere incrementar la capacidad y mejorar los resultados de procesos y procedimientos

Cuando el escenario que enfrenta la empresa justifica la modificación de las características del producto, el nuevo diseño debe quedar asentado en los medios correspondientes (prototipos, planos, etcétera); además se deben realizar las aclaraciones necesarias para evitar cualquier confusión entre el nuevo diseño y el viejo diseño que se desechó.

Por otro lado, cuando la situación que enfrenta la organización justifica la definición de nuevas fórmulas de trabajo, se deben modificar los procesos y procedimientos para que sean adecuados; además se deben comunicar los cambios para que el personal aplique solo las fórmulas de trabajo vigentes.

Los cambios en diseños, procesos y procedimientos requieren de la participación de los líderes de la MiPyME (dueños y máximos responsables del negocio). Dependiendo de cada caso, los líderes de la empresa, deben determinar si es necesario cambiar las definiciones de los productos, las fórmulas de trabajo o ambos. También deben considerar que las transformaciones en otros pasos pueden implicar cambios en diseños, procesos y procedimientos; por ejemplo: un nuevo acuerdo con los clientes o la búsqueda de reducir el volumen de incidentes.

Entregar productos acordes con lo establecido

La vigilancia en el cumplimiento de las fórmulas de trabajo y la evaluación de los productos elaborados tienen el propósito de asegurar que la realidad de la empresa sea acorde con lo previamente establecido. Existen diversas situaciones que pueden justificar un cambio en ellos:
- Los mecanismos de vigilancia y evaluación no corresponden con las nuevas definiciones de productos y fórmulas de trabajo
- Los mecanismos de vigilancia y evaluación no son eficaces o son burlados con regularidad
- Los mecanismos de vigilancia y evaluación no son prácticos ni viables para la empresa

Las situaciones que justifican cambios en los mecanismos de vigilancia y evaluación pueden requerir nuevas herramientas, fuentes de información o formas de actuar. Todos los cambios implementados deben ser aclarados, de tal forma que los responsables de la vigilancia y evaluación puedan aplicar correctamente los nuevos mecanismos.

Los líderes de la MiPyME (dueños y máximos responsables del negocio) deberán participar en las transformaciones que se emprendan en este paso; esto se debe a que los mecanismos de vigilancia y evaluación les brindarán conocimiento y control sobre las operaciones y resultados de su empresa.

Dependiendo de las necesidades de la empresa, se deben realizar los cambios correspondientes en la vigilancia de las fórmulas de trabajo, en la evaluación de los productos elaborados o en ambos. Las mejoras implementadas en este paso pueden ser originadas a partir de las transformaciones que se realicen en otros pasos; por ejemplo: cuando se realizan cambios en los diseños de productos y en las fórmulas de trabajo.

Resolver incidentes

Todos aquellos eventos que requieren una atención especial deben ser resueltos acordemente. Se debe mejorar la forma de resolver los incidentes y en algunos casos también se pueden eliminar sus causas. Algunos escenarios que pueden generar la necesidad de mejoras son:
- Los incidentes no se han detectado o no se han podido resolver

- La detección o resolución de incidentes es demasiado complicada o costosa
- Los cambios en diseños de productos, procesos y procedimientos generaron un incremento de incidentes
- La presencia de incidentes nocivos para la empresa, sus clientes o terceros
- El riesgo de incidentes con consecuencias graves para la empresa, sus clientes o terceros.
- Un volumen de incidentes difícil de manejar por la empresa

Los cambios que se implementan directamente en la resolución de incidentes están enfocados en mejorar los siguientes puntos:
- La capacidad de la empresa para detectar cada caso que requiere atención
- La eficacia de la empresa para brindarle solución a todos los casos
- Asegurar la sustentabilidad de las actividades para detectar y resolver los casos
- La claridad en la comunicación y la responsabilidad para resolver cada caso.

Los cambios que se implementan para reducir la cantidad de incidentes se detectan en este paso, pero tienen su origen en algún otro. Por ejemplo: un cambio en el diseño de los productos originó incidentes de clientes devolviendo unidades del nuevo producto después de comprarlo; por lo tanto, debe modificarse el diseño del producto, no el sistema de atención de unidades devueltas.

Dos aspectos que se deben considerar para identificar escenarios que justifican la eliminación de causas de incidentes son:

- Los incidentes deben ser pocos e inusuales; cualquier volumen alto o frecuencia constante de incidentes será indicio de causas que deben ser eliminadas
- Los incidentes deben ser viables y sustentables en sus consecuencias y soluciones; cualquier incidente que no se pueda resolver o que no sea sustentable debe evitarse corrigiendo sus causa y previniendo antes de que llegue a ocurrir.

Los cambios en la resolución de incidentes deben permitir a la empresa atender de manera más efectiva y eficiente los casos inusuales que se presentan; los cambios en las causas de incidentes deben disminuir la cantidad de casos inusuales que requiere atención.

EL CAMINO POR DELANTE

Su empresa tiene enfrente de ella un camino por recorrer; las decisiones que tome y las acciones que emprenda deben ayudarle a obtener buenos resultados y a conseguir los objetivos que desea:
- Incrementar el volumen de sus ventas y operaciones
- Mejorar el control de sus operaciones y resultados
- Mantener y mejorar la relación con los clientes actuales o conseguir clientes nuevos

La calidad es un apoyo para obtener los objetivos su empresa desea, a través de cuatro elementos básicos:
- Entregar valor
- Ser confiable
- Brindar certeza
- Adaptarse para mejorar

Estos cuatro elementos deben ser aplicados, para ser útiles a su empresa; sin embargo, la aplicación de estos elementos debe tener presente el contexto y posibilidades de la organización.

Aquí se sugirió un camino para orientar sus esfuerzos en la implementación de la calidad. Este camino no es una ruta fija ni una regla estricta; debe ser adaptado a su organización con el conocimiento y responsabilidad de su negocio que usted tiene:
1. Conocer las expectativas de los clientes y llegar a un acuerdo
2. Definir los productos y fórmulas de trabajo para cumplir el acuerdo establecido

3. Entregar productos acordes con lo establecido
4. Resolver los incidentes
5. Tomar acción para mejorar la satisfacción de los clientes

Los pasos de este camino y cualquier acción que emprenda por la calidad debe ser afín con los objetivos de su empresa:

Incrementar el volumen de sus ventas y operaciones

- Conocer mejor las expectativas de los clientes y llegar a un acuerdo con ellos puede incrementar el valor de sus productos y el volumen de ventas.

- Las definiciones de productos, las fórmulas de trabajo, la vigilancia y evaluación pueden en conjunto mejorar el funcionamiento e incrementar el volumen de operaciones.

Mejorar el control de sus operaciones y resultados

- Las definiciones de productos y las fórmulas de trabajo permitirán un mejor entendimiento de las operaciones que se deben realizar

- La vigilancia y evaluación brindarán un mayor control sobre las operaciones y seguridad de los resultados

- La resolución de incidentes permitirá controlar los resultados de aquellos eventos que se salgan de la operación cotidiana

- Las acciones para mejorar la satisfacción de los clientes llevará a la empresa a un estado con mejores resultados

Mantener y mejorar la relación con los clientes actuales o conseguir clientes nuevos

- El conocimiento de las expectativas de los clientes y el acuerdo con ellos mejorará su relación, incluso puede ser el punto de partida para obtener más clientes.

- La resolución de incidentes será parte del cuidado y fortalecimiento de la relación con los clientes

- Las acciones para mejorar la satisfacción mejorarán las relaciones con los clientes actuales y permitirán obtener nuevos clientes.

Le deseo todo el éxito en las acciones que emprenda para que su empresa y sus clientes disfruten de los beneficios de la calidad. Por motivos de calidad le expreso mi apertura a recibir retroalimentación que me ayude a mejorar este contenido; con gusto atenderé sus comentarios y sugerencias en la dirección: lenriquediazh@gmail.com.